AF298419

Il semble dire : on pourrait dîner mieux.
Junon, Vénus, et d'autres immortelles,
Qui de leur rang affichaient trop l'orgueil,
Daignaient à peine honorer d'un coup d'œil
Ces dieux bourgeois, et chuchotaient entre elles.
Impoliment elles tournaient le dos,
Et se moquaient de la brune Marie.
Son embarras, un air de modestie,
Servaient de texte à leurs malins propos.
Qu'une fillette au village élevée,
Et dans Paris par le coche arrivée,
A Tivoli, qu'elle ornera si bien,
Vienne montrer sa beauté pure et fraîche,
Son teint vermeil emprunté de la pêche,
Ses traits charmants, et son gauche maintien,
Les connaisseurs l'entourent et la suivent :
Mais à grand bruit nos sultanes arrivent,
Jettent sur elle un coup d'œil méprisant,
Et leur dépit se console en disant :
« Fi donc ! elle est sans grâce et sans tournure.
Quel air commun ! quelle sotte coiffure ! »
Belle Marie, au Tivoli des cieux,
Ainsi parlaient tes rivales altières.
Mais, n'en déplaise à ces juges sévères,
De grands yeux noirs, doux et voluptueux,
Des yeux voilés par de longues paupières,
Quoique baissés, sont toujours de beaux yeux :
Sans qu'elle parle une bouche de rose
Est éloquente, et même on lui suppose
Beaucoup d'esprit : de pudiques tetons,
Bien séparés, bien fermes et bien ronds,
Et couronnés par une double fraise,

MANUEL

D'ARMEMENT.

IMPRIMERIE DE SÉTIER,

Rue de Grenelle Saint-Honoré, Nº 29.

MANUEL DE L'ARMEMENT

DES

GARDES NATIONALES,

EXTRAIT DU SUPPLÉMENT AU MANUEL DE L'INFAN-
TERIE APPROUVÉ LE 24 SEPTEMBRE 1826, PAR LE
MINISTRE DE LA GUERRE.

CONTENANT :

1° La nomenclature des Armes et les dessins
qui en indiquent les formes ;
2° Les moyens de les entretenir ;
3° Les précautions à prendre pour ne pas les
dégrader ;
4° Les principes du tir ;
5° La manière de faire les cartouches ;

PUBLIÉ PAR ORDRE

DE M. LE GÉNÉRAL LAFAYETTE ,

Pour l'Instruction de la Garde Nationale.

PARIS ,

SÉTIER, LIBRAIRE , rue de Grenelle Saint-
Honoré , N° 29.

1831.

RAPPORT

A M. LE G^AL LAFAYETTE,

Commandant général des Gardes nationales
du royaume.

Paris, le 15 Décembre 1830.

Les armes confiées aux gardes nationales sont une propriété de l'Etat.
Le nombre qui en a déjà été délivré
aux citoyens, et le nombre bien plus
grand encore qu'ils pourront successivement recevoir, commandent les
plus grands soins pour la conservation
et l'entretien de cet important ma-
tériel.

La valeur représentative des armes
déjà remises aux mains des gardes nationaux n'est pas moins de vingt millions ; dans un système d'armement
complet, elle pourrait s'élever par la
suite à plus de soixante millions.

C'est une richesse de l'Etat confiée à la loyauté des gardes nationales.

On ne peut douter de la part d'empressement et de bonne volonté que chaque citoyen est disposé à apporter à la conservation et à l'entretien de son arme ; mais cet empressement et cette bonne volonté ont besoin d'être guidés par des règles certaines et éprouvées par une longue expérience.

Ces règles sont tracées depuis long-temps dans une instruction officielle rédigée par le comité d'artillerie de la guerre, approuvées par les ministres de ce département, enseignées dans les régimens de ligne par les officiers d'armement, et mises en pratique par tous les soldats, sous la direction de leurs sous-officiers.

Dans cette instruction sommaire, et mise à la portée du sous-officier et du soldat, on trouve très-soigneusement énumérés la nomenclature des différentes armes, et les dessins qui en indiquent jusqu'aux moindres parties ;

les moyens d'introduire les armes en état ; les soins à prendre pour ne les point dégrader, etc.

Si de telles précautions ont été reconnues indispensables à l'entretien de la quantité d'armes qu'emploie l'armée de ligne, à plus forte raison ces précautions doivent-elles être exigées pour le nombre beaucoup plus considérable qui sera confié aux gardes nationales : c'est un devoir de l'autorité de les prescrire ; c'est un devoir des gardes nationaux de s'y soumettre.

Il est donc indispensable de faire observer strictement par les légions, bataillons, escadrons et compagnies de gardes nationales, les règles contenues dans les instructions officielles dont une longue expérience a démontré l'efficacité.

Dans ce but, et quelle que soit l'exiguité des ressources que comporte le crédit supplémentaire voté durant les quatre derniers mois de l'exercice

1830, pour l'organisation des gardes nationales du royaume, j'ai l'honneur de proposer à M. le Commandant général de décider qu'il sera imprimé et envoyé à MM. les Préfets, pour être distribués à titre d'encouragement, dix mille exemplaires du *Manuel de l'armement des gardes nationales du Royaume*, ci-joint, comprenant 60 p. in-32 d'impression, avec 3 planches au trait; ledit *Manuel* tiré du *Supplément au Manuel d'Infanterie*, approuvé le 24 septembre 1806 par le Ministre de la guerre.

Ces exemplaires devront être placés de préférence aux mains de MM. les Officiers spécialement chargés du détail de l'armement, comme plus à même d'apprécier et de propager les notions contenues au *Manuel*, savoir :

La nomenclature des armes ;

Les moyens de les entretenir ;

Les précautions à prendre pour ne pas les dégrader ;

Les principes du tir ;

La manière de faire des cartouches.

En faisant cet envoi à MM. les Préfets, et en leur faisant connaître le regret qu'éprouve M. le Commandant général de ne pouvoir mettre le *Manuel de l'armement* aux mains de chacun de ses frères d'armes, on leur exprimera qu'il serait désirable que, dans chaque compagnie, il fût formé un fonds de cotisations volontaires ayant pour objet de procurer à chaque garde national armé un exemplaire du *Manuel de l'armement des gardes nationales du Royaume*, dont le prix peut s'établir, avec les planches, à 40 centimes, soit que MM. les Préfets le tirent de Paris, soit qu'ils jugent plus commode et plus économique de le faire réimprimer dans les départemens.

On pense que, jusqu'à ce qu'un règlement complet d'inspection et de surveillance de l'armement des gardes nationaux intervienne, nulle mesure n'est provisoirement plus propre à intéresser chaque citoyen à la conservation de son arme, et à propager dans les rangs les notions de détail qui y sont indispensables.

Indépendamment de l'instruction répandue et enseignée dans les troupes de ligne pour la conservation des armes, sous le titre de *Supplément au Manuel de l'Infanterie*, un extrait des dispositions les plus importantes qu'il contient, réduit aux dimensions ordinaires d'une affiche, est constamment placardé dans les chambrées, afin que les soldats et les sous-officiers aient toujours sous les yeux les principes d'entretien, de nettoiement et de précautions à prendre pour ne pas dégrader les armes à feu.

On pense qu'une affiche semblable peut être très-utilement placée dans les divers postes occupés par les gardes nationales, ainsi qu'au siége de la mairie de la commune où se trouvent des citoyens armés. J'ai l'honneur de présenter le modèle de cette affiche à M. le Commandant général qui jugera sans doute à propos d'engager MM. les préfets à la faire réimprimer, et placarder au nombre d'exemplaires suffisans pour que la plus grande publicité soit donnée aux moyens d'entretien et de conservation des armes.

Le Lieutenant-général,

Inspecteur-général des gardes nationales du Royaume,

MATHIEU DUMAS.

Approuvé :

LA FAYETTE.

Pour copie conforme,

Le Secrétaire général de l'inspection des gardes nationales du Royaume,

J. G. YMBERT.

MANUEL

D'ARMEMENT

A L'USAGE DE

LA GARDE NATIONALE.

La conservation des armes, les effets qu'elles produisent, dépendent, en grande partie, des connaissances pratiques que les soldats ont acquises sur la manière de les soigner, et de s'en servir. Cette partie de l'instruction des troupes doit donc attirer la plus sérieuse attention.

Pour mettre les officiers en état de la diriger convenablement, plusieurs ouvrages ont été composés, et sont déjà entre leurs mains.

Ils contiennent beaucoup de notions utiles sur l'entretien des armes et sur le tir du fusil; mais, d'une part, quelques inexactitudes reconnues dans certaines assertions, et, de l'autre, les changemens introduits dans les modèles, ont rendu nécessaire un nouveau travail sur cette matière.

On a réuni dans un volume, réduit autant que possible, et sous le titre de *Supplément au Manuel de l'Infanterie :*

La nomenclature des armes employées par

les troupes à pied, et les dessins qui en indiquent les formes;

Les moyens de les entretenir;

Les précautions à prendre pour ne pas les dégrader;

Les principes du tir;

La manière de faire les cartouches.

Ces objets sont traités, suivant l'ordre dans lequel on vient de les indiquer, dans cinq chapitres différens.

Les trois premiers chapitres et le cinquième doivent être plus particulièrement enseignés aux soldats et aux sous-officiers; il est essentiel que ces derniers surtout aient une connaissance complète de tous les détails qui y sont contenus.

Les officiers doivent s'attacher principalement à l'étude des principes du tir exposés dans le quatrième chapitre, et se mettre en état d'en faire faire l'application par les soldats, dans les exercices et devant l'ennemi.

Les résultats pratiques présentés dans ce chapitre diffèrent beaucoup de ceux que l'habitude a admis jusqu'à ce jour, mais que l'observation des faits était loin de confirmer; ils sont déduits d'une série d'expériences exécutées récemment, d'après les ordres du Ministre de la guerre.

Les corps étant chargés de confectionner eux-mêmes une partie des munitions qu'ils emploient dans les exercices, on a consacré le cinquième chapitre à la manière de faire les cartouches à fusil ; la connaissance de ces détails pouvant d'ailleurs être très-utile dans plusieurs circonstances.

CHAPITRE PREMIER.

NOMENCLATURE.

FUSIL D'INFANTERIE.

CANON. — *Planche* 1re.

Fig. 1. Canon.
   1. Bouche du canon.
   2. Tenon, destiné à fixer la baïonnette sur le canon.
   3. Devant du canon.
   4. Tonnerre, partie renforcée contenant la charge.
   5. Lumière.
Fig. 2. Culasse, destinée à fermer l'orifice inférieur du canon, en se vissant dedans.
   1. Queue de culasse.
   2. Bouton taraudé.
     Dans le modèle de 1777, il y a une encoche pour la communication du feu de l'amorce avec la charge.

3. Talon.

4. Echancrure pour le passage de la grande vis du milieu de la platine.

5. Trou pour le passage de la vis de culasse, assujétissant le canon par le bas.

6. Vis de culasse : la tête est fraisée en dessous, suivant le trou de la queue de culasse.

PLATINE. — *Planche* 1re.

Fig. 3. Platine, garnie de ses pièces, vue par dehors.

Fig. 4. Platine, garnie de ses pièces, vue par dedans.

Fig. 5. Corps de platine, vu par dedans. Il sert à assembler les vingt pièces qui composent la platine.

1. Devant du corps.

2. Milieu.

3. Queue.

4. Trou de la vis du ressort de batterie.

5. Trou du pivot du ressort de batterie.

6. Trou de la vis de batterie.

7. Trou de l'arbre de la noix.

8. Trou de la vis de la bride de la noix.

9. Trou du pivot de la bride.

10. Trou de la vis de gâchette.

11. Trou du ressort de la vis de gâchette.

12. Echancrure ou encastrement du bassinet.

13. Trou de la vis du bassinet.

14. Trou de la vis du grand ressort.
15. Trou pour le pivot du grand ressort.
16. Trou de la grande vis du milieu.
17. Trou de la grande vis du devant.
18. Bouterolle servant d'écrou pour la grande vis du milieu. Elle est destinée à ajuster la platine contre le canon.
19. Rempart servant d'écrou pour la vis de batterie. Il est destiné à ajuster la platine contre le canon.
20. Mortaise pour le tenon du ressort de gâchette.

Fig. 6. Bassinet.

1. Fraisure.
2. Queue de bassinet.
3. Trou de la vis qui fixe le bassinet au corps de platine.
4. Entablement, plan supérieur sur lequel s'applique la batterie.
5. Bride du bassinet, percée pour donner le passage à la vis de batterie.
6. Rempart du bassinet. Il sert à ajuster le bassinet au corps de platine.
7. Garde-feu.
   Dans la platine modèle de 1777 corrigé, il n'y a pas de garde-feu.
8. Vis du bassinet. Elle sert à fixer cette pièce au corps de platine.

Fig. 7. Batterie. Elle ferme le bassinet et

elle produit, par le choc de la pierre, les étincelles qui doivent communiquer le feu à la poudre.

1. Face.
2. Dos.
3. Table.
4. Trousse ou talon pour arrêter le mouvement de la batterie.
5. Pied qui roule sur le ressort quand la batterie est mise en mouvement.
6. Trou de la vis de batterie.
7. Vis de batterie.

Fig. 8. Ressort de batterie. Il sert à fermer le bassinet, en appuyant sur le pied 5 de la batterie ; il sert aussi à tenir la batterie renversée, lorsque le bassinet doit rester ouvert.

1. Trou dans lequel passe la tige de la vis du ressort.
2. Pivot du ressort de batterie.
3. Grande branche ou branche mobile.
4. Petite branche.
5. Vis du ressort de batterie.

Fig. 9. Chien.

1. Trou pour recevoir le carré de la noix.
2. Arrière ou cul du chien.
3. Le ventre.
4. La sous-gorge.

5. Le cœur ou l'anneau.

6. Le dos.

7. La mâchoire inférieure.

8. La crête, destinée à empêcher la mâchoire supérieure de tourner, quand elle est serrée sur la pierre par la vis.

9. Espalet ou support : il sert à arrêter le chien, quand la pierre a cessé de frapper.

10. Mâchoire supérieure du chien.

11. Vis du chien : sa tête est arrondie, fendue et percée.

12. Vis de noix, appelée improprement clou du chien.

Fig. 10. Noix, vue de deux manières : la première de côté, et la seconde en dessus. La noix est une des principales pièces de la platine ; elle communique son mouvement au chien, auquel on la fixe par son carré et sa vis.

1. Pivot qui entre dans la bride de noix.

2. Griffe sur laquelle s'appuie celle du grand ressort.

3. Cran du repos.

4. Cran du bandé, pour armer la platine.

5. Arbre : il tourne dans le trou 7 du corps de platine.

6. Carré qui est au bout de l'arbre pour entrer dans celui du chien : ce carré est

taraudé pour la vis de noix, qui empê-
che le chien de se détacher de la noix.

Fig. 11. Bride de noix. Elle maintient la
noix parallèlement au corps de platine.

1. Trou du pivot de la noix.
2. Trou de la vis de bride.
3. Trou de la vis de gâchette.
4. Pivot de la bride qui entre dans le trou
   9. *Fig.* 5.
5. Vis de la bride de la noix.

Fig. 12. Gâchette. Elle sert à maintenir le
chien au repos et au bandé.

1. Bec : la pression du ressort de gâchette
le fait entrer dans les crans de la noix,
quand on porte le chien en arrière.
2. Queue : elle sert à faire partir le chien,
quand on appuie dessus par le moyen
de la détente.
3. Trou de la gâchette.
4. Vis de gâchette : elle passe dans les
trous 3 de la bride de noix et de la gâchette, et est arrêtée dans le trou 10
du corps de platine.

Fig. 13. Ressort de gâchette, qui presse
sur la gâchette, et la fait appuyer contre la noix.

1. Petite branche.

2. Trou de la vis.
3. Tenon.
4. Grande branche.
5. Vis du ressort de gâchette.

Fig. 14. Grand ressort. Il sert à abattre le chien.

1. Grande branche.
2. Griffe qui presse sur la noix pour abattre le chien.
3. Petite branche.
4. Trou de la vis dans la patte du grand ressort.
5. Pivot du grand ressort.
6. Vis du grand ressort.

Fig. 15. Pierre. On la fixe entre les mâchoires du chien, pour obtenir le feu en la faisant frapper sur la batterie. Cette pierre doit être enveloppée d'une feuille de plomb laminé, *fig.* 16, pour l'empêcher de glisser, ou de se casser par la pression des mâchoires.

1. Mèche ou tranchant.
2. Flancs ou bords latéraux.
3. Talon.
4. Dessous.
5. Dessus ou assise.

Nota. Les platines des autres armes à feu portatives, ne diffèrent de celle du fusil que parce qu'elles sont plus faibles en dimensions.

Garnitures. — *Planche II.*

Fig. 1re. Embouchoir.

1. Entonnoir pour le passage de la baguette.
2. Bande ou barre supérieure.
3. Bande ou barre inférieure sur le milieu de laquelle est brasé le guidon.
4. Guidon en cuivre sur les embouchoirs en fer, et en fer sur les embouchoirs en cuivre. Il a la forme d'un grain d'orge, et sert pour viser.

Fig. 2. Grenadière, ou boucle du milieu.

1. Pivot.
2. Battant ajusté sur le pivot derrière la boucle.
3. Clou rivé fixant le battant sur le pivot.

Fig. 3. Capucine.

1. Bec coupé carrément.

Fig. 4. Ressorts de garniture en acier.

1. Crochet pour arrêter la capucine et la grenadière.
2. Goupille qui traverse le bois sans le déborder.
3. Pivot pour retenir l'embouchoir.

Fig. 5. Porte-vis, contre-platine ou esse. Il a la forme d'une *S*, et ses deux bouts sont percés pour recevoir les grandes vis de platine.

Sous-garde. C'est l'assemblage de la pièce de détente ou écusson, du pontet et de la détente.

Fig. 6. Pièce de détente.

1. Taquet pour recevoir le bout de la baguette.
2. Fente pour le passage de la queue du battant.
3. Bouterolle dans laquelle se fixe la vis de culasse.
4. Fente pour le passage de la détente.
5. Ailettes.
6. Vis qui fixe la détente.
7. Fente pour le passage du crochet à bascule du pontet.
8. Embase pour le nœud postérieur du pontet.
9. Elévation qui, avec le nœud postérieur du pontet, sert à tenir solidement l'arme dans la main droite.
10. Trou pour la vis à bois de sous-garde.

Dans le fusil modèle de 1777 corrigé, les ailettes et la vis qui fixe la détente n'existent pas; cette pièce est soutenue par une goupille qui traverse le bois.

Fig. 7. Pontet de la sous-garde; pièce destinée à garantir la détente.

1. Partie supérieure, dont la largeur va en diminuant jusqu'aux nœuds.
2. Nœud antérieur.
3. Fente pour recevoir la queue du battant.
4. Nœud postérieur, qui porte au-dessous de son embase un crochet de même longueur et largeur que la fente pratiquée à la pièce de détente pour le recevoir.
5. Crochet à bascule.

Fig. 8. Détente. Sert à faire partir la gâchette.

1. Trou de la vis qui sert à la fixer entre les ailettes.
   Dans le modèle de 1777 corrigé, ce trou sert au passage de la goupille qui traverse le bois.
2. Partie sur laquelle on appuie le doigt pour tirer.

Fig. 9. Battant de sous-garde ou d'en-bas. Il est conforme à celui de la grenadière; ils servent à porter le fusil en bandoulière.

1. Queue qui traverse le devant du pontet et de l'écusson.

2. Trou de la goupille qui le fixe sur le bois.

3. Goupille, petite cheville en acier, servant à fixer le battant de sous-garde. Elle est conique, et a une tête qui la retient du côté de l'encastrement de la platine.

Dans le modèle de 1777 corrigé, cette goupille est cylindrique. Il y en a une autre, aussi cylindrique, pour la détente.

Fig. 10. Plaque de couche. Elle est assujettie par deux vis à bois.

Fig. 11. Grandes vis. Traversent le porte-vis, le bois, et affleurent la partie extérieure du corps de platine. Dans toute vis on distingue :

1. La tige.
2. La tête.
3. La fente.
4. Les filets ou la partie taraudée.

Fig. 12. Vis à bois. La tête est arrondie en goutte de suif, et fraisée en dessous ; la tige est taraudée dans toute sa longueur.

BAGUETTE. — *Planche II.*

Fig. 13. Baguette.

1. Tête en forme de poire.
2. Bout taraudé pour fixer le tire-bourre.

Fig. 14. Ressort de baguette, à feuille de
    sauge, servant à retenir la baguette
    dans son canal, et fixé par une gou-
    pille.

MONTURE. — *Planche II.*

Fig. 15. Monture. Bois dégarni de toutes les
    autres parties du fusil.

1. Fût ou devant.
2. Busc.
3. Crosse pour appuyer contre l'épaule-
    ment.
4. Poignée.
5. Joue, évidement dans la crosse, pour
    placer la joue.
6. Embase de la capucine.
7. Logement du canon.
8. Canal de la baguette.
9. Encastrement de la platine.

TIRE-BALLE. — *Planche II.*

Fig. 16. Tire-balle ou tire-bourre.

1. Tête taraudée pour recevoir le bout de
    la baguette.
2. Branches spirales.
3. Branches droites à filets allongés.

BAÏONNETTE. — *Planche Ire*

Fig. 17. Baïonnette.

1. Douille.
2. Fente pour le passage du tenon.
3. Virole pour assujettir la baguette au tenon.
4. Rosette de la virole : celle du côté du coude (la virole ayant le pontet en dessus de la fente) est taraudée.
5. Vis qui sert les rosettes.
6. Etouteau qui borne le mouvement de la virole.
7. Coude : il est en fer, ainsi que la douille.
8. Lame triangulaire en acier.

Fig. 18. Fourreau de baïonnette, en peau de vache.

1. Entrée du fourreau.
2. Patte ou tirant en buffle.
3. Bout en cuivre.
   Dans le modèle de 1777 corrigé, le bout est en fer.

FUSIL DE VOLTIGEUR.

Le fusil de voltigeur ne diffère du fusil d'infanterie que par le canon, qui est plus court 0^m,036 (2 pouces).

Le fusil de voltigeur ou fusil de dragon, modèle de l'an 9, ne diffère du fusil d'infanterie, modèle de 1777 corrigé, que par sa longueur et la grenadière, fig. 17, pl. 11.

1. Deux anneaux qui ont la forme du canon avec le fût.
2. Bande qui réunit les anneaux, et dont l'extrémité supérieure est recourbée pour faciliter le passage de la baguette.
3. Pivot.

Le battant est conforme à celui du fusil d'infanterie.

FUSIL D'ARTILLERIE.

Le fusil d'artillerie ne diffère du fusil d'infanterie que par les dimensions qui sont plus faibles, et par les garnitures qui sont en cuivre : son canon a 0,^{m}92 (34 pouces).

SABRE D'INFANTERIE.

PLANCHE III, *fig Ire*.

1. Lame à un tranchant : elle est légèrement cambrée, et sans gouttières ni pans creux.
2. Talon, partie renforcée qui s'appuie contre la monture.
3. Pointe.
4. Biseau ou faux-tranchant, partie qui est affilée comme le tranchant.
5. Plat de la lame.
6. Dos.
7. Tranchant.
8. Soie destinée à fixer la lame sur la monture qu'elle traverse.

9. Fourreau en cuir de vache.
10. Bout, en cuivre laminé, collé et épinglé, terminé par un bouton demi-olive.
11. Chape, en cuivre laminé, repliée intérieurement pour couvrir les extrémités du cuir.
12. Pontet portant un tirant en buffle, qui sert à fixer le sabre sur le baudrier.
13. Monture, coulée d'une seule pièce, en cuivre.
14. Poignée en hélices, pour affermir le sabre dans la main.
15. Calotte sur laquelle est rivée la soie.
16. Garde, destinée à garantir des coups de l'ennemi.
17. Quillon, prolongement de la garde, et destiné au même usage.
18. Tirant.

SABRE D'ARTILLERIE.

Planche III, *fig*. 2.

1. Lame à deux tranchans.
2. Talon.
3. Pointe.
4. Soie, destinée à fixer la lame dans la poignée, au moyen de trois rivets.
5. Gouttières.
6. Pan creux.
7. Fourreau, en peau de vache : à son entrée sont cousus deux morceaux de cuir destinés

à empêcher la lame de sortir trop facilement.

8. Bout en cuivre, collé et épinglé, terminé par un bouton demi-olive.

9. Chape en cuivre.

10. Pontet soudé à la chape, et portant un tirant en buffle pour fixer le sabre sur le baudrier.

11. Monture, d'une seule pièce, en cuivre.

12. Pommeau traversé par la soie, qui est rivée par le sommet.

13. Poignée ciselée en écailles, pour fixer l'arme solidement dans la main.

14. Croisière pour défendre la main des coups de l'ennemi.

15. Tirant.

CHAPITRE II.

ENTRETIEN DES ARMES ENTRE LES MAINS DES SOLDATS.

Ordre suivant lequel on doit démonter un fusil pour le nettoyer à fond.

1. La baïonnette.
2. La baguette.
3. Les deux grandes vis.
4. Le porte-vis.

5. La platine.
6. La goupille du battant de sous-garde.
7. Le battant de sous-garde.
8. Le pontet.
9. L'embouchoir.
10. Le ressort de l'embouchoir (1).
11. La grenadière.
12. Le ressort de la grenadière (1).
13. La vis de culasse.
14. La capucine.
15. Le ressort de la capucine.
16. Le canon.
17. La culasse (2).
18. La vis de l'écusson.
19. L'écusson.
20. La vis de la détente.
21. La détente.
22. La goupille du ressort de baguette (1).
23. Le ressort de baguette (1).
24. Les vis de la plaque de couche (1).
25. La plaque de couche.

On doit remonter le fusil dans un ordre inverse, c'est-à-dire, en commençant par les nos 25, 24, 23, etc.

———

(1) On ne doit déplacer cette pièce que lorsque la rouille ne permet pas de la nettoyer en place.
(2) Cette pièce ne peut être démontée que par un armurier.

Pour démonter le fusil modèle de 1777 corrigé, on suit le même ordre, excepté qu'après avoir ôté le pontet n° 8, on doit ôter la goupille de la détente et la détente, avant d'ôter l'embouchoir n° 9; qu'après avoir ôté l'écusson n° 19, on ôte de suite la goupille du ressort de baguette, n° 22.

On observe les mêmes différences en remontant le fusil, c'est-à-dire qu'après avoir remis le ressort de la baguette, on remet de suite l'écusson, et qu'après avoir remis l'embouchoir, on remet la détente et la goupille de détente avant de remettre le pontet.

Ordre suivant lequel on doit démonter la platine avec le nouveau monte-ressort,

Il faut commencer par abattre le chien.
1. La vis du grand ressort.
2. Le grand ressort. (On l'ôte à l'aide d'une pression qu'on fait avec le monte-ressort : on le remet par une opération inverse, quand il s'agit de remonter la platine).
3. La vis du ressort de la gâchette. (Avant de la retirer entièrement, on frappe sur le cul du ressort, de manière à faire sortir le pivot de son encastrement).
4. Le ressort de gâchette.
5. La vis de gâchette.
6. La gâchette.

7. La vis de bride.
8. La bride.
9. La vis de noix.
10. La noix. (Il faut la repousser avec un poinçon qui entre facilement dans le trou destiné à recevoir sa vis.)
11. Le chien.
12. La vis de batterie. (On fait auparavant une pression sur le ressort de batterie avec le monte-ressort.)
13. La batterie.
14. La vis du ressort de batterie.
15. Le ressort de batterie.
16. La vis du bassinet.
17. Le bassinet.
18. La vis du chien.
19. La mâchoire.

On doit remonter la platine dans un ordre inverse, c'est-à-dire en commençant par les n⁰ˢ 19, 18, 17, etc.

Pour reconnaître les vis de la platine, on observera que la vis du chien a la tête percée, celle du bassinet a la tête fraisée, celle de la noix a la tête d'un plus grand diamètre que les autres. Les six autres vis suivent cet ordre de longueur, en commençant par la plus courte :

1. Vis du grand ressort.
2. Vis du ressort de gâchette.
3. — de bride.

4. — du ressort de batterie, à peu près égale en longueur à la précédente.
5. — de gâchette.
6. — de batterie.

Les deux grandes vis doivent être égales en longueur comme en grosseur.

Il n'y a que trois grosseurs différentes pour toutes ces vis :

La première est la plus forte, pour la vis du chien;

La deuxième, pour les deux grandes vis, et la vis de batterie;

La troisième, pour toutes les autres vis.

Dans la platine modèle de 1777 corrigé, les grosseurs des vis présentent un plus grand nombre de différences.

Les deux grandes vis ne sont pas égales en longueur; celle du milieu est un peu plus longue que l'autre.

L'ordre de grandeur qui vient d'être indiqué est le même pour toutes les autres vis, et il peut servir également pour les faire reconnaître.

Avant de replacer les vis, il faut mettre une petite goutte d'huile à chaque trou ou sur l'extrémité de chaque tige; il faut avoir la même précaution pour les trous qui reçoivent l'axe et le pivot de la noix. Quand la platine est rémontée, il faut également mettre un peu d'huile entre les branches mobiles des ressorts et le corps de platine, ainsi que sur la griffe et les crans de la noix. Il faut s'assurer si les vis ne sont pas trop serrées, et si les pièces rodent bien, c'est-à-dire, si elles tournent ou se meuvent d'une manière uniforme.

Nettoiement des Armes à feu.

Lorsque les pièces d'armes seront fortement rouillées, on emploiera, pour les nettoyer, de l'émeri bien pulvérisé et de l'huile d'olives. On se servira, pour les frotter, de curettes de bois tendre et de brosses rudes. A défaut d'émeri pour enlever les grosses taches, on se servira de grès pulvérisé, tamisé et humecté d'huile. Quand les armes seront légèrement rouillées, on se servira seulement de brique brûlée, pulvérisée, tamisée et également humectée d'huile.

Lorsqu'on opérera sur le canon, il faudra, pour l'empêcher de se courber sous l'effort que l'on fera, le poser à plat sur un banc ou sur une table.

Les soldats feront usage d'un linge pour essuyer toutes les pièces; mais celles de l'intérieur de la platine devront conserver un peu d'onctuosité. On essuiera le bois avec un linge propre, pour qu'il ne graisse pas les vêtemens. Avant de remonter les différentes pièces des armes, on aura l'attention de ne pas laisser dans les trous des vis de l'émeri, de la brique, ni d'autres substances.

Les pièces en cuivre se nettoient avec du tripoli ou de la brique bien pilée et du vinaigre. Si on les graissait ensuite, elles seraient promptement couvertes d'oxide, toutes les substances grasses agissant sur le cuivre, comme l'eau, les acides, etc.

Entretien des Sabres.

Tout ce qui a été dit relativement au nettoiement des parties en fer et en cuivre des armes à feu s'applique également aux parties du même métal des armes blanches. On ajoutera, toutefois, les observations suivantes :

Lorsque l'huile ou la graisse qu'on a mise sur une lame s'est desséchée dans le fourreau, il ne faut employer pour l'enlever que de l'huile nouvelle, qu'on laisse sur la tache pendant quelque temps, après quoi on enlève le tout en frottant avec un linge.

Lorsqu'un fourreau en cuir a été mouillé, il faut en retirer la lame, et le faire sécher sans le chauffer ; après quoi, on frotte la lame avec un linge légèrement imprégné d'huile, avant de la remettre dans son fourreau.

On aura soin pareillement de graisser les lames avant de mettre les armes en magasin ; car, si on les laissait rouiller fortement, elles deviendraient trop minces, et par conséquent hors de service, après quelques nettoyages. Enfin, il serait bon de graisser légèrement les fourreaux en cuir, particulièrement sur la couture.

CHAPITRE III.

PRÉCAUTIONS A PRENDRE POUR NE PAS DÉGRADER LES ARMES A FEU PORTATIVES.

L'ordre qu'on vient d'indiquer pour démonter et remonter un fusil est essentiel à suivre, principalement en ce qui concerne les pièces de la platine, plus susceptibles que les autres parties de l'arme de se détériorer ; mais, indépendamment de l'observation de cet ordre, il convient de prendre les précautions suivantes, sans lesquelles l'arme entre les mains du soldat se dégraderait bientôt.

Pour repousser les goupilles, il faut se servir du chasse-goupille ou d'un poinçon cylindrique, dont le diamètre soit un peu moindre que celui des goupilles. Les clous et les autres instrumens dont on fait quelquefois usage agrandissent les trous, ce qui est très-nuisible.

Lorsqu'on fait sortir la grenadière et la capucine, il faut, autant que possible, n'avoir recours à aucun outil pour les frapper; elles ne devraient être retenues que par leur ressort, et elles devraient céder à l'effort des deux mains, lorsqu'on exerce avec le pouce une pression sur ces ressorts.

Il faut éviter avec soin de trop serrer les vis, surtout celles de la batterie, parce qu'il en résulte des frottemens qui diminuent l'action des ressorts, et par conséquent l'effet de la platine.

On ne doit jamais remettre le grand ressort de platine au feu, comme on le fait quelquefois dans l'intention de le rendre moins dur. Cette pratique est très-nuisible : elle détruit l'effet de la trempe, et fait perdre au grand ressort l'activité dont il a besoin pour communiquer le mouvement aux autres pièces de la platine. Le chien s'abat lentement, la pierre ne frappe plus la batterie avec assez de force ; celle-ci ne découvre plus le bassinet, et ne donne pas de feu.

La batterie ne doit s'enlever qu'avec l'aide d'un monte-ressort. Lorsqu'on fait usage, pour cette opération, de la pointe de la baïonnette, on dégrade le bassinet. Lorsqu'on se sert de la baguette, on s'expose à la casser.

La baguette se rompt aussi très-facilement, lorsqu'on cherche à la faire plier, parce que la trempe, qui lui donne de l'élasticité, la rend en même temps cassante.

Il est extrêmement nuisible de limer le canon vers la bouche, dans l'intention de faire résonner l'arme ou de placer plus facilement la baïonnette. Cette altération de l'épaisseur du canon, qui s'augmente encore par le ballottement de la douille de la baïonnette, peut mettre bientôt l'arme dans le cas d'être réformée.

Il est très-important que les crans de la noix, la griffe du grand ressort, le pied de la batterie, et généralement toutes les articulations de la platine, soient fréquemment humectés avec de l'huile fraîche. Sans cette précaution, une arme dont on se sert journellement est promptement dégradée.

On doit faire beaucoup d'attention à la manière de placer la pierre entre les mâchoires du chien. Le biseau doit être en dessus, et le tranchant parallèle à la face de la batterie ; car, s'il était incliné par rapport à cette face, on sent que la pierre ne frapperait que sur une très-petité étendue, et qu'il n'en résulterait que très-peu de feu, qui pourrait, en outre, n'être pas porté au milieu du bassinet.

Quand la pierre est émoussée, elle ne peut que très-faiblement détacher de la batterie les particules d'acier que le frottement doit enflammer pour mettre le feu à la poudre; il faut, dans ce cas, rétablir le tranchant, en frappant sur le bord du biseau supérieur. Il ne faut pas frapper trop fort, afin de ne point détacher de gros éclats : ce qui contribuerait à détruire la pierre en peu de temps.

Lorsqu'une pierre est assez usée pour ne dépasser que d'environ 0^m.007 (3 lignes), les mâchoires du chien, il faut l'avancer, s'il est possible, ou bien la remplacer.

Le plomb qui enveloppe la pierre ne doit jamais déborder les mâchoires du chien ; car si la pierre était usée, ce plomb pourrait frapper la face de la batterie, ce qui occasionerait des ratés.

Il faut éviter, autant que possible, de démonter les culasses, et il ne faut jamais essayer de le faire en frappant dessus avec un marteau; car les queues de culasse restent marquées par les coups de marteau, elles perdent leur pente, et font ensuite éclater le bois. On ne doit démonter la culasse que pour en retirer une balle qui se trouverait forcée dans le canon ; et, dans ce cas, cette opération ne doit être exécutée que par le maître-armurier, qui se sert d'un étau et d'un tourne-à-gauche.

On évitera également, autant que possible, de démonter l'écusson, la goupille du battant, le bassinet et la goupille de la détente, dans le modèle de 1777.

Toutes les fois que l'on cesse de tirer avec un fusil, il est nécessaire que le canon soit lavé. Pour laver le canon, on prend une baguette en fer, à laquelle on attache un morceau de chiffon ; on le fait entrer dans le tube après l'avoir rempli d'eau, et l'on frotte jusqu'à ce que l'eau, qu'on renouvelle plusieurs fois, sorte claire. Alors on passe un linge sec dans le canon, et ensuite un autre humecté d'huile.

Pour ne pas dégrader le bois lorsque l'on en sépare le canon, il faut opérer de la manière suivante :

Toutes les garnitures et la vis de culasse étant ôtées, saisir le bois et le canon, sans serrer avec la main gauche, à six pouces au-dessus de la tranche du derrière ; le canon étant renversé, la bouche vers la terre à environ un pouce du sol, frapper avec la main droite sur la poignée, jusqu'à ce que le canon soit dégagé de son canal ; au moment où il se dégage, les doigts de la main gauche le maintiennent, jusqu'à ce que la main droite vienne l'enlever tout-à-fait.

Le poli brillant que l'on exige ordinairement des armes, demande de fréquens nettoyages. Cette opération, qui n'est pas toujours faite avec les attentions convenables, fausse souvent et use presque toujours le canon, au point de le mettre hors de service avant le terme de sa durée. Pour éviter, au moins en partie, cet inconvénient grave, il ne faut jamais, après avoir nettoyé un fusil et l'avoir essuyé avec un linge, frotter les pièces 'en fer, et surtout le canon, avec de la cendre, de la craie ou d'autres matières mordantes.

CHAPITRE. IV.

TIR DU FUSIL.

Les feux de l'infanterie produisent de très-grands effets, lorsqu'ils sont exécutés avec précision, avec justesse et à une bonne portée; mais ils sont peu redoutables lorsqu'ils sont multipliés avec précipitation, avec incertitude et à de trop grandes distances.

Les instructions théoriques et pratiques sur le tir doivent avoir pour objet de former les soldats à exécuter les feux aux différentes distances, de la manière la plus avantageuse, et de mettre les officiers en état de les ordonner à propos.

Dans cette vue, il peut être utile de rappeler ici quelques-uns des principes de la théorie du tir des armes à feu, et les conséquences pratiques qui s'en déduisent.

On considère dans le tir des armes à feu trois espèces de lignes.

Pl. 11, *fig.* 18. 1° La ligne de mire A B : c'est le rayon visuel, passant par les points les plus élevés du tonnerre et du devant du canon, et dirigé vers l'objet qu'on veut atteindre ;

2° La ligne du tir C D : c'est l'axe ou le milieu du canon. Cette ligne représente la direction que la balle tend à suivre à l'instant où, chassée par la poudre, elle sort du canon ;

3° La courbe que la balle suit réellement, parce que la pesanteur l'oblige à s'abaisser continuellement par rapport à la ligne de tir, et à s'éloigner de plus en plus de cette ligne, qui est sa direction primitive. La courbe CEFG, est ce qu'on nomme *la trajectoire.*

Par la construction des canons en général, la ligne de mire et la ligne de tir forment entre elles, au-delà de la bouche du canon, un angle AOC, plus ou moins ouvert, suivant l'épaisseur à la culasse et celle à l'extrémité opposée.

La balle, à la sortie du canon, coupe d'abord en E la ligne de mire à peu de distance de la bouche, passe au-dessus de cette ligne, s'en approche ensuite, la coupe une seconde fois en G, et achève de décrire sa trajectoire jusqu'à sa chute.

Ce second point d'intersection est ce qu'on appelle *le but en blanc*. On entend ordinairement, par *portée du but en blanc* d'une armé, la distance de ce point à la bouche du canon, lorsque la ligne de mire est horizontale.

Plusieurs causes peuvent faire varier cette distance, considérée d'une manière générale. Les principales sont : la grosseur de la balle, la charge de poudre, l'inclinaison de la ligne de tir. À la guerre, on emploie constamment les mêmes balles et les mêmes charges; de ces trois causes de variation, la dernière est donc la seule qui se rencontre. Le calcul et l'expérience démontrent que les effets en sont peu sensibles entre les limites des angles sous lesquels on tire ordinairement. Ainsi, dans le service, la distance du but en blanc peut être regardée comme à peu près fixe, et toujours égale à celle que l'on a appelée *portée du but en blanc.*

On peut tirer de ces observations les conséquences suivantes :

1° Si le but est entre la première intersecsection et la bouche du canon, il faut viser, c'est-à-dire diriger la ligne de mire au-dessus. (Cette circonstance ne se rencontre jamais dans la pratique, parce que cette première intersection est très-rapprochée de la bouche du canon, et que, jusqu'à ce point , la ligne de mire et la ligne de tir sont presque confondues);

2° Si le but est l'une des deux intersections, il faut viser au-dessous ;

3° Si le but est à l'une des deux intersections, il faut y viser directement ;

4° Enfin, s'il est au-delà de la seconde intersection, il faut viser au-dessus.

Pour appliquer ces résultats au tir du fusil français, il convient de distinguer le cas où l'on tire sans la baïonnette, et celui où l'on tire avec la baïonnette.

Fig. 19. Lorsque le fusil est sans baïonnette, l'épaisseur du canon au tonnerre étant plus considérable que les épaisseurs du canon près de la bouche et de l'embouchoir réunies, il en résulte que la ligne de mire AB, dirigée par le point supérieur du tonnerre et par le pied du guidon, rencontre la ligne de tir CD en avant de la bouche. Par conséquent, le fusil sans baïonnette a un but en blanc. Ce but en blanc est situé à 116 mètres (60 toises) environ de la bouche du canon, lorsque l'on tire avec la balle et la charge ordinaire. Ainsi, le but étant à cette distance, il faudra y viser directement; s'il est plus rapproché, Il faudra viser au-dessous; s'il est plus éloigné, il faudra viser au dessus.

Fig. 20. Lorsque le fusil est garni de sa baïonnette, il n'a pas de but en blanc, parce que l'épaisseur du canon au tonnerre ne surpasse que d'une quantité très-faible les épaisseurs réunies de la bouche, de la douille et de la virole, de sorte que la ligne de mire est sensiblement parallèle à la ligne de tir, et que la courbe décrite par la balle est dans toute son étendue au-dessous de la ligne de mire : par conséquent, à toutes les distances où le but se présente ordinairement, dans les circonstances du service, il faut tirer au-dessus pour l'atteindre.

L'expérience a fourni les données suivantes, qui peuvent diriger dans le tir du fusil armé de sa baïonnette.

Pour frapper l'ennemi au milieu du corps, lorsque l'on est sur un terrain horizontal, on doit viser :

Depuis la plus petite distance jusqu'à 98 mètres (50 toises), à hauteur de la poitrine ;

Depuis 98 mètres (50 toises), jusqu'à 136 mètres (70 toises) à hauteur des épaules ;

Depuis 136 mètres (70 toises), jusqu'à 175 mètres (90 toises), à hauteur de la tête ;

Depuis 175 mètres (90 toises), jusqu'à 195 mètres (100 toises), à la partie supérieure de la coiffure.

La portée d'un fusil peut s'étendre jusqu'à 975 mètres (500 toises environ), lorsque l'on tire sous un angle de 25 à 30 degrés ; mais, au-delà de 195 mètres (100 toises), tous les coups sont très-incertains ; et c'est jusqu'à cette distance que le feu de l'infanterie est réellement formidable.

Pour que les règles que l'on vient de donner puissent être appliquées utilement, il faut que les tireurs fassent passer le rayon visuel qu'ils dirigent vers le but par les points les plus élevés du tonnerre et de la virole. Si quelques tireurs, par suite d'une habitude particulière ou par toute autre cause, font passer le rayon visuel au-dessus du tonnerre, alors la ligne de mire accidentelle dont ils se servent, fait un angle plus ouvert avec la ligne de tir ; et il est évident qu'ils doivent viser, à chaque distance, plus bas que le point qui est indiqué.

Ces règles s'appliquent également aux feux directs et aux feux obliques sur un terrain horizontal.

Quand on est sur un terrain inégal, on doit, pour les mêmes distances, si l'on tire de bas en haut, viser plus au-dessus du but; et, si l'on tire du haut en bas, moins au-dessus que sur un terrain horizontal. Toutefois, ces différences sont peu sensibles, à moins que la pente ne soit très-considérable.

Pour mettre les soldats en état de tirer avec justesse, on les exercera à la cible, en les plaçant à différentes distances, et en les faisant tirer, suivant ces distances, à la hauteur de la poitrine, des épaules, de la tête ou au-dessus.

Chaque cible sera un carré long en planche, de 2 mètres (6 pieds 2 pouces) de hauteur au-dessus du sol, et de 0 m , 57 (1 pied 9 pouces) de largeur. Pour la première partie de l'instruction, l'extrémité supérieure sera marquée par une bande noire de 0,m 08 (3 pouces) de largeur. Au-dessous, seront tracées trois autres bandes de même largeur. Ces quatre bandes seront séparées par des intervalles de 0 m, 16 (6 pouces) mesurés de milieu en milieu; enfin une bande semblable et parallèle aux précédentes, sera marquée à 0 m, 89 (33 pouces) au-dessus du pied. C'est cette dernière que les coups bien ajustés devront atteindre ou dont ils devront approcher. A 98 mètres (60 toises), les soldats viseront à la quatrième bande ; à 136 mètres (70 toises), ils viseront à la troisième bande ; à 175 mètres (90 toises), ils viseront à la seconde bande ; au-delà, jusqu'à 195 mètres (100 toises), ils viseront en élevant l'arme successivement jusqu'au haut de la cible.

Les indications données ci-dessus pourront servir également aux soldats armés de fusils d'infanterie des modèles de 1777 corrigés, 1816 et 1822.

Les soldats armés de fusils de voltigeurs devront avoir l'attention de viser toujours, pour les mêmes distances, un peu au-dessus des points qui sont indiqués pour le tir des fusils d'infanterie.

Lorsque les soldats connaîtront bien les quantités dont les balles s'abaissent aux différentes distances, ils seront exercés à tirer sur une autre cible de même dimension, mais n'ayant qu'une bande noire à 0 m, 89 (33 pouces) du pied.

Dans cette seconde partie de l'instruction, ils évalueront eux-mêmes, suivant les distances au but, les quantités dont ils devront viser plus haut que cette bande du milieu, pour l'atteindre.

Ils seront exercés, s'il est possible, à tirer dans différens terrains, en variant les inclinaisons.

Il faut que les tireurs aient bien soin d'appuyer la crosse contre l'épaule droite dans la position de *joue*, et de bien soutenir l'arme de la main gauche.

Ils doivent s'accoutumer à aligner promptement le tonnerre et la partie la plus élevée de la virole de la baïonnette sur la bande à laquelle ils visent, ne se servant du guidon que pour déterminer la direction de la ligne de mire. On leur fera quelquefois le commandement de *redressez vos armes*, afin qu'ils acquièrent de la facilité à mettre en joue, et à ajuster promptement. On leur recommandera aussi de bien appuyer le premier doigt sur la détente pour faire feu, sans remuer la tête, ni déranger la direction de l'arme.

Tous les officiers et soldats passeront chaque année à cette école. On notera, dans chaque compagnie, les meilleurs tireurs.

Les recrues de chaque année seront aussi instruits à tirer à la cible, après avoir été exercés à tirer en blanc et à poudre.

La plus grande partie des munitions fournies pour les exercices sera employée au tir à la cible.

On aura soin de faire ramasser les balles que l'on pourra retrouver, afin de les refondre.

Les officiers devront mettre à profit toutes les occasions qui pourront se présenter, soit pendant le temps consacré aux devoirs du service, soit pendant leurs loisirs, pour s'exercer à estimer les distances, et se mettre en état de diriger le feu des troupes sous leurs ordres de la manière la plus avantageuse.

Les chefs de corps s'assureront, dans les manœuvres, du degré d'habileté que les officiers auront acquis dans ce genre; et ils en rendront un compte particulier aux inspecteurs généraux.

CHAPITRE V.

DE LA CONFECTION DES CARTOUCHES A FUSIL.

Les cartouches pour les fusils sont des charges de poudre avec balles ou sans balles, renfermées dans des enveloppes de papier roulées sur un mandrin.

Les corps reçoivent, des magasins de l'artillerie, la poudre et les balles accordées pour les exercices. Ils sont chargés de confectionner les cartouches, et de se procurer le papier et les ustensiles nécessaires.

Le papier doit avoir du corps; être bien collé, d'un grain égal et doux au toucher. La rame de cinq cents feuilles ne doit avoir que de 5cm,67 à 6cm,78 (26 à 30 lignes) d'épaisseur.

Les ustensiles nécessaires sont :

1º Des tables et des bouts de planches dans lesquels sont pratiquées de petites concavités un peu plus larges que le diamètre des balles, et ayant en profondeur le tiers de ce diamètre;

2.º Des mandrins de 18 c,75 (7 pouces) de longueur et de 1c 52 (6 lignes 9 points) de diamètre , lesquels doivent être bien cylindriques , et faits avec du bois dur et sec. L'un des bouts doit être arrondi , et l'autre creusé de manière à recevoir le tiers de la balle ;

3º Des mesures en cuivre ou en fer-blanc , de la forme d'un cône tronqué ouvert par le haut. La mesure, pour les cartouches sans balles , doit, étant comblée, contenir la 128ᵉ partie d'un kilogramme (1/60 de livre) de poudre. Celle pour les cartouches à balles doit, étant comblée, contenir la 80ᵉ partie d'un kilogramme (1/40 de livre) de poudre ;

4º De petits entonnoirs dont la douille peut entrer facilement dans l'ouverture des cartouches ;

5º Des barillets pour contenir la poudre et les balles , et des caisses sans couvercle pour recevoir les cartouches roulées et non remplies, que l'on y pose verticalement.

Le papier que l'on emploie ordinairement à 35c, 18 (13 pouces) de hauteur et 43c , 29 (16 pouces) de largeur.

On le coupe de deux manières différentes, selon qu'on doit l'employer à faire des cartouches à balles.

Lorsque l'on doit faire des cartouches sans balles, on plie le papier en quatre dans sa largeur, perpendiculairement au plus grand côté, puis chaque quart en deux dans sa hauteur, et chaque moitié du quart en deux par une diagonale, qui prend depuis 5c,86 (2 pouces 2 lignes) de l'angle supérieur de la gauche jusqu'à 5c,89 (2 pouces 2 lignes) de l'angle inférieur opposé à la droite. De cette manière, chaque feuille se trouve coupée en seize parties; et chaque partie avec laquelle on fait une cartouche est un trapèze de 10c 83 (4 pouces) de hauteur, dont une des bases a 11c,50 (4 pouces 3 lignes), et l'autre 5c 86 (2 pouces 2 lignes.)

Lorsque l'on doit faire des cartouches à balles, on plie la feuille de papier en trois dans sa largeur, perpendiculairement au plus grand côté, puis chaque tiers en deux dans sa hauteur, et chaque moitié du tiers encore en deux par une diagonale, comme ci-dessus. Chaque feuille se trouve ainsi coupée en douze parties, et chaque partie avec laquelle on fait une cartouche est un trapèze dont les bases sont les mêmes que celles du trapèze des cartouches sans balles, et dont la hauteur a 14c, 43 (5 pouces 4 lignes).

On emploie aussi avec avantage le papier ayant 43c29 (18 pouces) de hauteur et 52c10

(19 pouces 3 lignes) de largeur. La manière de le plier pour faire des cartouches sans balles et à balles diffère peu des précédentes. On tire le même nombre de trapèzes ; seulement, les dimensions de ces trapèzes sont un peu plus fortes.

Pour faire une cartouche sans balle, on place le mandrin sur le papier, de manière que son extrémité arrondie soit du côté de la plus grande base du trapèze ; on roule alors fortement le papier sur le mandrin, en commençant par le côté qui fait angle droit avec les bases. On en laisse passer du côté de la plus grande base environ 1c,35 (6 lignes), qu'on plie et qu'on arrondit sur l'extrémité du mandrin, au moyen de la petite concavité pratiquée dans la table sur laquelle on travaille, ou dans une petite planche. Après avoir retiré le mandrin, on verse dans la cartouche la quantité de poudre déterminée, et on plie le papier le plus près possible de la poudre.

Pour faire une cartouche à balle, on met la balle dans la cavité du mandrin ; on la place, comme il vient d'être dit pour l'extrémité arrondie du mandrin, et on roule fortement le papier dessus, en opérant comme pour la cartouche sans balle.

On s'assure de la justesse des cartouches en les faisant passer par un bout de canon du calibre de 7 lignes 9 points au plus.

On fait des paquets de dix, opposant alternativement les côtes des balles, en les enveloppant avec une feuille de papier qu'on replie des deux bouts, et qu'on lie avec de la ficelle passée en croix sur le milieu de la hauteur et de la largeur.

Dix hommes, le papier étant coupé, peuvent faire dix mille cartouches en un jour, en travaillant pendant dix heures.

Six hommes roulent et placent dans les caisses les cartouches vides verticalement, les unes à côté des autres. Deux hommes remplissent les cartouches ainsi disposées, et ensuite plient le papier au-dessus de la poudre. Deux hommes font les paquets.

Nota. Un nouveau procédé pour faire les cartouches à balles, adopté provisoirement par Son Exc. le Ministre de la guerre, offre l'avantage de les vérifier en même temps qu'on les confectionne, et de les rendre en général mieux faites et plus solides.

D'après ce procédé, on emploie des *dés*, et l'opération s'exécute de la manière suivante. Après avoir roulé le papier et l'avoir replié sur la balle, comme il a été dit plus haut, on retourne le mandrin, de manière que la balle soit en l'air, et que l'extrémité arrondie porte sur la table; on coiffe la cartouche avec un *dé*, et l'on frappe deux fois sur la table, en appuyant sur le *dé*. On retire alors le mandrin, et l'on termine la cartouche suivant la manière ordinaire.

Paris, le 24 septembre 1826.

Le Ministre Secrét. d'État de la Guerre,

Signé Marquis DE CLERMONT-TONNERRE.

Pour ampliation,

Le Secrétaire général,

Baron DE BEAUVERT.

IMPRIMERIE ET LIBRAIRIE

de Sétiev,

GARDE NATIONALE.

		fr.	
Billets de garde in-8°, écu,	5oo.	4	»
Id. *id.*	1000.	7	»
Reçus de cotisations in-8°.	5oo.	4	»
Id. *id.*	1000.	7	»
Id. *id.* in-16.	1000.	5	»
Lettres d'avis, in-4°.	100.	6	»
Id. *id.*	200.	10	»
Id. *id.*	5oo.	20	»
Id. in-8°.	100.	4	»
Id. *id.*	200.	7	»
Id. *id.*	5oo.	12	»

BILLETS DE NAISSANCE, DE MARIAGE ET DE DÉCÈS; PROSPECTUS, CIRCULAIRES.

	fr.	
In-4°, papier écu, le cent.	5	»
— le 2ᵉ. cent.	4	»
— coquille, le cent.	6	»
— le 2ᵉ. cent.	5	»
In-8°. le cent.	4	»
— le 2ᵉ cent.	3	»

COMMERCE.

AFFICHES.

		fr.	
Timbrées à 5 c.,	le cent.	12	»
	cinq cents.	45	»
Timbrées à 10 c.,	le cent.	22	»
—	cinq cents.	85	»

FACTURES, CIRCULAIRES, AVIS, QUITTANCES.

			fr.	
Papier couronne, in-4°,	500.	6	»
— —	1000.	11	»
— in-8°,	500.	4	»
— —	1000.	6	»
Papier coquille, in-4°,	500.	8	»
— —	1000.	15	.
Papier écu, in-4°,	500.	7	»
— —	1000.	12	»
— in-8°,	500.	5	»
— —	1000.	8	»
Papier coquille, in-8°	500.	6	»
— —	1000.	9	»

OBSERVATIONS.

Les Billets sont fournis en 3 héures, et les autres ouvrages dans le plus court délai.

Les Circulaires, Prospectus, Avis, supportent une légère augmentation en proportion de leur contenu.

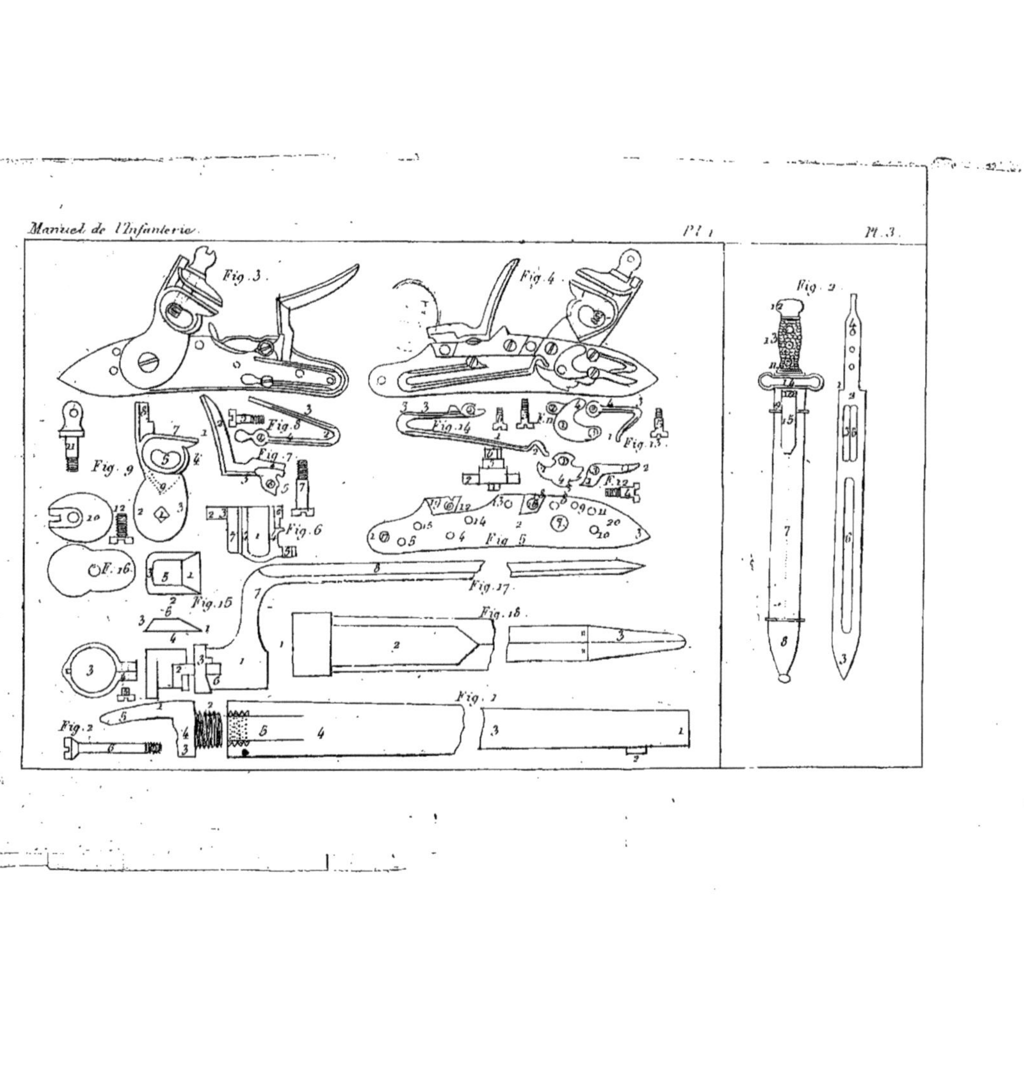
Fig. 3
Fig. 4
Fig. 2
Fig. 8
Fig. 14
Fig. 7
Fig. 9
Fig. 13
Fig. 12
Fig. 6
F. 16.
Fig. 5
Fig. 15
Fig. 17.
Fig. 18.
Fig. 1
Fig. 2

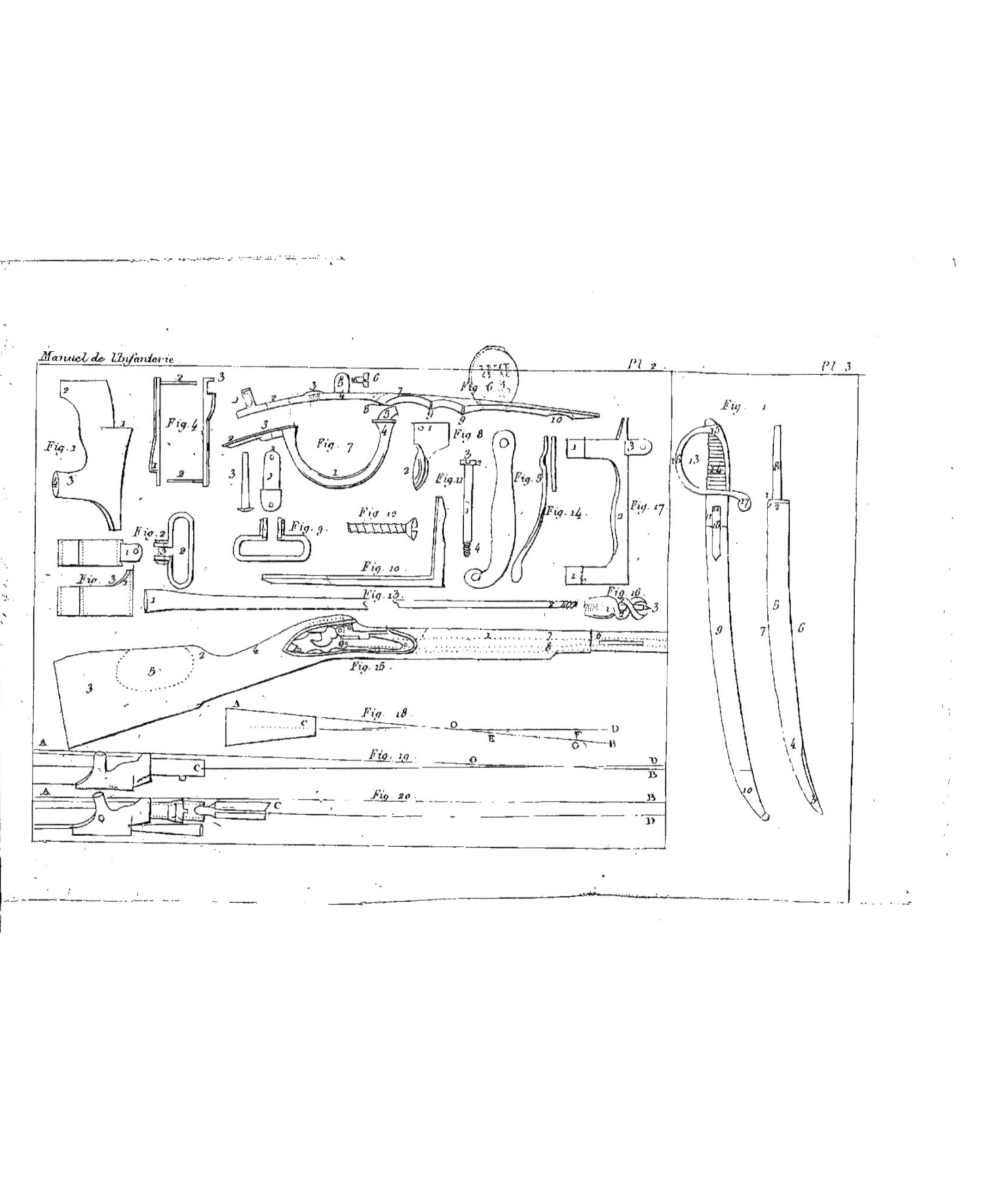
Manuel de l'Infanterie
Pl. 2.
Pl. 3.
Fig. 1
Fig. 4
Fig. 6
Fig. 8
Fig. 7
Fig. 11
Fig. 5
Fig. 14
Fig. 17
Fig. 2
Fig. 9
Fig. 12
Fig. 3
Fig. 10
Fig. 13
Fig. 16
Fig. 15
Fig. 18
Fig. 19
Fig. 20

www.ingramcontent.com/pod-product-compliance
Ingram Content Group UK Ltd.
Pitfield, Milton Keynes, MK11 3LW, UK
UKHW022136070726
13613UKWH00003B/1365